56
б
1207

L'ANGLETERRE, L'AUTRICHE

ET LES

ENTREVUES

DE COMPIÈGNE

PARIS

E. DENTU, LIBRAIRE-ÉDITEUR

GALERIE D'ORLÉANS, 13 ET 17, PALAIS-ROYAL

1861

L'ANGLETERRE, L'AUTRICHE

ET LES

ENTREVUES DE COMPIÈGNE

Trois souverains du Nord ont successivement visité la France : Charles XV de Suède et de Norwége, Guillaume 1ᵉʳ de Prusse, Guillaume III des Pays-Bas.

Le premier a passé quelques jours à Paris ; les deux autres ont été reçus à une semaine d'intervalle au château de Compiègne, très-célèbre dans l'histoire politique de la France. Beaucoup de nos souverains l'ont habité, un plus grand nombre de souverains étrangers l'ont visité. On y a signé des traités de paix et des déclarations de guerre, tenu des conciles, ouvert ou terminé des négociations de toute sorte. Compiègne était déjà ville royale sous Clovis, et çà et là on rencontre des ruines qui témoignent de sa grandeur au moyen âge.

Le choix de cette résidence, où se sont décidées plusieurs fois les destinées de l'Europe, la succession rapide des visites royales, ont fait croire, non sans quelque raison, que les plus graves questions devaient s'agiter à Compiègne.

La presse anglaise et la presse autrichienne ont lutté

d'aigreur dans leurs récriminations et de violence dans leurs injures à propos de la visite du roi de Prusse. Tandis que les journaux de Vienne affectaient de donner à la démarche du roi Guillaume 1er le nom de trahison, les feuilles de Londres, prises d'un terreur panique, y voyaient l'isolement de l'Angleterre et le renversement de la politique de l'Europe.

L'Angleterre a grand tort de se livrer à d'aussi étranges emportements; elle a plus grand tort de nous accuser d'ambition. Nous avons, il est vrai, reconquis malgré elle le versant des Alpes, rectification naturelle de notre frontière sud-est, et nous devons un jour reprendre, sans guerre et par voie de cession amiable, Landau et Sarrelouis, forteresses reconstruites par la France, destinées par leur position même à couvrir la Lorraine et la Champagne, constamment ouvertes à une agression ennemie. Que lui importe après tout s'il y a consentement mutuel des parties intéressées?

En fait d'ambition, la nation anglaise, qui crie si fort lorsqu'il s'agit des autres, ne se laissera dépasser par personne; elle est sur ce point d'une politique intraitable; elle prend partout et toujours sans s'inquiéter des droits qu'elle foule aux pieds et des intérêts qu'elle froisse, pensant dans son énergique égoïsme que tout lui appartient naturellement. Ainsi, elle a rêvé la suprématie des mers, et pour se l'assurer, elle a emprunté Gibraltar au territoire espagnol; elle protége, malgré leur volonté, les îles Ioniennes; elle s'est fait donner Malte et l'île Maurice; elle s'est établie au Cap pour avoir un point de repère sur la grande route des Indes.

Profitant avec habileté de l'affaiblissement incurable de la race Hindoue, flattant les vices ou les passions de ses princes, détruisant ceux qui ont tenté de lui résister, achetant les autres, les faisant s'entre-détruire au besoin dans des conflits qu'elle-même faisait naître, elle a pris peu à peu la vaste Presqu'île arrosée par le Gange et par l'Indus, où elle envoie ses fils de famille ruinés reconstituer leur fortune et où elle exploite sans pitié les dernières ressources de peuples abâtardis par une longue servitude.

En vue des intérêts de son éternel égoïsme, il n'est pas à l'extérieur de mesure libérale à laquelle ne se soit opposée la libérale Angleterre. En 1840, sous prétexte de protéger l'intégrité de la Turquie, elle fit la guerre à l'Égypte dont les velléités d'indépendance l'effrayaient parce qu'elles semblaient devoir favoriser l'expansion de l'influence française. En 1854, elle s'allia à la France pour combattre la Russie dans le seul but d'anéantir des forces navales dont le progrès commençait à la rendre jalouse ; et elle apporta dans la lutte un tel acharnement de parti pris, qu'il fallut toute la sagesse de la France pour l'arrêter sur la pente fatale où l'entraînait sa déplorable passion. Notre prudence lui parut suspecte, et elle oublia volontiers, le danger passé, que, sans notre aide, elle aurait été aisément écrasée par l'adversaire qu'elle prétendait détruire.

Lors de la discussion du traité de Paris, elle s'est montrée exigeante, intraitable, implacable. On ne sait à combien d'interpellations dans le parlement, à combien de réquisitoires dans les journaux et de criailleries dans la société Britannique a donné lieu la transformation de notre flotte en flotte à vapeur d'abord, puis en bâtiments à cuirasse. Si la France arme un navire, ses voisins en arment dix ; mais ils ne se contentent pas d'armer, ils crient comme si on leur tenait le couteau sur la gorge.

Leurs côtes se hérissent de forteresses, de meurtrières et de canons ; leurs ports se ferment, et la ridicule idée d'une descente imminente en Angleterre a réédité de l'autre côté de la Manche notre institution de la garde nationale. Chaque jour et à chaque heure, sous la pression d'une peur chimérique, des dépenses nouvelles s'ajoutent aux lourdes dépenses de son budget, et des millions de livres sterling aggravent l'énorme dette de ce pays, grand dans ses institutions privées, mais impitoyable aux autres, criminel souvent dans ses procédés de politique extérieure, et, par une singulière aberration, ne reconnaissant à personne la liberté dont il jouit à l'intérieur.

L'idée du percement du canal de Suez donne le vertige à l'Angleterre. Ses hommes d'État ont fait à cette idée une opposition systématique et heureusement inutile. Par quel sentiment était-elle dirigée dans son ardente répulsion ? Ce n'était certainement pas par le sentiment de la justice ni par celui de l'intérêt général ; car elle comprenait comme tout le monde le bien qui doit résulter de la jonction des deux mers ; mais elle voyait, dans l'avenir, la concurrence étrangère lui disputer les marchés dont elle s'est assuré le monopole, et, comme conséquence possible, l'affranchissement des peuples qu'elle exploite et qu'elle épuise.

Alors, et pour prolonger sa suprématie de ce côté, à Aden, sorte de Gibraltar placé à l'embouchure de la mer Rouge, elle a ajouté Périm, emprunté sans façon à l'Empire turc, comme sur la côte occidentale d'Afrique elle vient de s'octroyer Lagos, le seul port de cette côte accessible aux gros navires.

Ainsi, sur tous les points du globe, on rencontre le pavillon anglais planté sous un prétexte ou sous un autre, abritant une forteresse, un arsenal et un comptoir, couvrant un territoire plus ou moins étendu, mais dominant toujours une position stratégique ou maritime importante. On dirait que la nation britannique s'est donné la mission de garder toutes les avenues de la terre et de mettre dans sa poche la clef de tous les détroits.

L'Europe se plaint, mais elle laisse faire, lorsque de pareils envahissements se produisent. Faisons comme l'Europe, et ne nous laissons pas troubler par des clameurs intéressées. Reprenons notre bien où il se trouve ; que notre drapeau se relève à Madagascar ; qu'il protége les efforts de la civilisation et de la colonisation en Algérie ; dans un temps donné que nos frontières au nord et au nord-est soient rectifiées comme l'ont été nos frontières du sud-est, avec le consentement des nations que ces rectifications intéressent, et sans nous enquérir de ce qu'en pensent nos voisins. Là est notre droit, là est notre devoir.

Égoïste outre mesure dans ses extensions de territoire, dans ses conquêtes bien ou mal acquises, l'Angleterre n'est préoccupée que d'elle-même ; la France, au contraire, a toujours en vue un intérêt humain, un progrès, un bienfait commun. Ce n'est pas elle qui donnera au monde l'affligeant spectacle d'une nation poussant jusqu'au paroxysme l'affectation des sentiments libéraux, poursuivant la traite à outrance et condamnant l'esclavage, ce qui serait une noble inspiration si elle était vraie, mais faisant effrontément plier le principe selon l'occurrence, tuant la pensée politique par la pensée marchande, et se déclarant pour le Sud dans la sécession des États-Unis, parce qu'elle manque de coton dans ses manufactures.

Cette contradiction est la critique sanglante de l'esprit qui inspire l'Angleterre; elle est la condamnation de sa double et tortueuse politique; elle sera sa flétrissure. Et, au fond, si cette nation arme comme elle le fait, c'est qu'elle sent qu'il s'écoulera peu de temps avant qu'elle ait besoin de se défendre. On n'étend pas impunément ses deux bras sur le monde. Le léopard enfonce en vain ses griffes dans les entrailles des peuples, il éprouvera bientôt le tressaillement qui présage la résistance. L'Angleterre mercantile a imité Carthage; un jour viendra où, comme Carthage, le colosse aux pieds d'argile s'écroulera sous le poids d'une trop vaste entreprise, où, contrainte de se débattre partout à la fois, ses forces disséminées s'épuiseront l'une après l'autre. Ce jour est moins éloigné qu'on ne croit, et nos voisins, dans leur insatiable orgueil, auront tout fait pour en rapprocher la date fatale. Alors, ils comprendront que la crainte d'une invasion à Londres était puérile, et que les nations, comme les individus, retombent dans le néant sans qu'on les y pousse, par l'abus même qu'ils font de leurs facultés, de leurs forces et de leurs passions.

Ce n'est pas notre faute si la Prusse, qui a des alliances de famille avec l'Angleterre, secoue le joug que cette dernière puissance faisait peser sur elle. Le roi Guillaume qui, de fait, gouverne son pays depuis 1857, n'a pas eu à se louer des procédés de l'Angleterre, et celle-ci a imprudemment oublié les services de la Prusse dans d'autres temps ; elle s'était si bien accoutumée à la considérer comme son alliée naturelle sur le continent qu'elle croyait à l'éternité de son aveuglement. L'alliance anglaise offre à coup sûr moins d'avantages à Guillaume Iᵉʳ que l'alliance française, et, avec l'intelligence politique qui le distingue, ce prince a pris le chemin de Compiègne au lieu de prendre celui de Windsor.

1806 a pu laisser dans l'esprit du peuple prussien des sentiments peu sympathiques à la France ; mais il s'est écoulé bien du temps depuis cette époque, et les guerres par esprit de conquête, comme celles du premier Empire, sont à jamais finies. Les guerres désormais auront d'autres causes et surtout un autre but. La France n'est pas plus décidée à recommencer l'envahissement de l'Allemagne qu'elle ne l'est à reconnaître les clauses incessamment violées des traités de 1815, traités tombés en désuétude aux yeux de ceux qui nous les avaient imposés, et, dans tous les cas, déchirés par la volonté d'un grand peuple.

Les craintes exagérées exprimées par les journaux de Vienne et de Londres au sujet du but politique de l'entrevue de Compiègne n'étaient pas sans fondement, cela est de toute évidence. Il ne s'est pas agi dans la circonstance, comme on a bien voulu le dire, d'une simple visite de convenance et de bon voisinage, d'une réponse au voyage de l'empereur Napoléon III à Bade, alors que, préoccupé des préventions que l'intervention française en Italie avait pu faire naître dans l'esprit du prince-régent, le chef du second Empire se rendit à Bade spontanément pour expliquer cette intervention.

Il est naturel de supposer que l'entrevue de Compiègne a été déterminée par des considérations politiques de l'ordre le plus élevé. La situation actuelle des af aires de l'Europe ne permet pas de croire que des souverains aussi puissants se déplacent et se visitent dans le but unique d'échanger leurs cartes. La question italienne est de plus en plus vivace, et elle attend encore la solution promise. L'union douanière de Zollverein ferme encore aux produits de notre industrie les marchés de l'Allemagne. Dans le cas où Victor-Emmanuel attaquerait la Vénétie au printemps prochain, quelle serait l'attitude de la France ? Enfin le Holstein et le Schelswig sont des causes possibles de guerre pour la Confédération germanique.

Évidemment, toutes ces questions veulent être résolues, et l'entrevue de Compiègne est de nature à en précipiter la solution.

L'Empereur et le roi Guillaume, en se séparant, avaient tous deux un air de satisfaction qui prouvait à quel point ils s'étaient entendus. Leurs adieux ont été longs et affectueux ; ils se sont serré les mains plusieurs fois. « J'aurais voulu vous garder plus longtemps, » a dit l'Empereur répondant à l'expression d'un regret et aux remerciements de son hôte ; puis il a tendu la main aux conseillers et aux officiers prussiens, qui ne l'ont pas baisée, comme on l'a annoncé, mais se sont inclinés à la manière allemande.

Sans doute, aucun ministre du cabinet de Berlin n'accompagnait le roi à Compiègne ; mais il y avait là des hommes dont l'importance politique ne saurait être méconnue, tels que M. le comte de Pourtalès et les princes de Reuss, faisant partie de la légation de Prusse à Paris,

M. Hillaire, conseiller privé et chef du cabinet du roi, les généraux de Bonin, de Manteuffel, etc. Et d'ailleurs est-il bien nécessaire que des hommes d'État accompagnent leur souverain dans une excursion pour donner à cette excursion une apparence politique ? Nous pensons le contraire. Il est bien sûr que deux princes doivent être plutôt d'accord lorsque l'explication a lieu loyalement sans témoins et surtout sans conseils. Agir en dehors de l'action lente et formaliste de la diplomatie est le moyen de s'entendre et d'éviter bien des embarras.

C'est ce qui est arrivé à Compiègne. On s'est franchement expliqué, et il est résulté de l'explication une entente très-cordiale.

L'état de l'Allemagne est entré pour beaucoup dans les entretiens des deux souverains. Là tout est en désarroi, tout est à refaire. L'Autriche et la Prusse s'y disputent la prépondérance, ce qui explique suffisamment la violente colère de la première de ces puissances à la nouvelle de l'entrevue de Compiègne ; mais l'Autriche est en péril réel ; ses finances ruinées, ses défaites de 1859, qui ont pu lui faire apprécier à leur juste valeur les sentiments de ses alliés naturels, des impôts exorbitants, l'inanité de son commerce et de son industrie, une armée énorme à soutenir, les points vulnérables de sa cuirasse composée de morceaux mal soudés les uns aux autres, ses peuples, dont sept millions seulement sont de race germanique, réclamant sans cesse leur indépendance, leur autonomie, leurs droits foulés aux pieds ; tous ces éléments hétérogènes ou disparates condamnent à périr cette puissance qui lutta, sur tous les champs de bataille, contre François Ier et Henri II, contre Louis XIII et Louis XIV, soutint vaillamment le premier choc du plus grand génie militaire de no·re temps, et qui, à bout de ressources et malgré les loyaux efforts de son jeune empereur, ne se sauvera qu'en accordant à la Hongrie, à la Gallicie, à la Croatie, à la Bohême, les concessions les plus larges, et en abandonnant la Vénétie à l'unité italienne.

La Prusse, au contraire, représente le libéralisme allemand. Quand l'Autriche, après la paix de Villafranca, l'a accusée d'avoir spéculé sur ses défaites, elle a eu tort, car la Prusse n'a pas besoin de spéculer sur la ruine aux trois quarts accomplie de la dysnastie de Halpsbourg. Si la Bavière et plusieurs autres petits États partagent les principes de cette maison, la Prusse jouit d'une grande considération et d'une influence légitime dans la confédération. En 1849, Frédéric-Guillaume n'a-t-il pas refusé la couronne impériale que lui offrait la Diète, et ce qui a été tenté alors ne peut-il pas l'être de nouveau?

L'Autriche, empire artificiel, formé d'éléments sans agrégation entre eux, représente le droit divin, l'ultramontanisme, la réaction contre la liberté; elle ferme hermétiquement ses frontières au libéralisme allemand, tandis que la Prusse personnifie pour ainsi dire la véritable nationalité germanique. Son roi n'a qu'à ménager, comme le fait Guillaume Ier avec une habileté incontestable, les susceptibilités qui l'entourent pour atteindre son but.

Tôt ou tard, en se laissant aller au courant des choses, en maintenant son programme libéral, la Prusse prendra aisément le rôle qu'on ne pourrait laisser prendre sans péril à l'Autriche; elle marchera à la tête de l'Allemagne et réalisera alors le rêve de Napoléon Ier. Avec la Suède et la Hollande, elle servira de contrepoids aux réactions des grandes puissances du Nord. Quant à l'unité germanique, elle serait trop menaçante pour la France, et tout au plus en arrivera-t-on à une fédération des Etats du centre de l'Europe, alors que les différences de langue, de mœurs, de poids et de mesures auront à peu près disparu.

Le roi de Prusse est, en outre, venu chercher à Compiègne la certitude de la paix dont il a besoin pour régler amiablement avec le Danemark la question du Holstein et faire disparaître les derniers vestiges des mal-entendus qui ont si longtemps divisé la France et la nation prussienne. Il doit avoir proposé en échange la reconnaissance du royaume d'Italie, la modification de l'union douanière du Zollverein, et l'accession sans arrière-pensée de son gouvernement à nos vues pour l'avenir, accordant la préférence à l'alliance française, qui lui sera profitable, sur l'alliance anglaise, qui n'a jamais profité qu'aux Anglais.

Peut-être, en préparant l'ère des grandes victoires de la paix, Guillaume Ier marche-t-il d'un pas rapide et sûr à la médiatisation des petits Etats allemands sous son protectorat. Cela vaudrait bien les limites du Rhin qu'elle nous abandonnerait sans regret, et on comprend sans peine que pour atteindre ce résultat, la Prusse ajouterait volontiers à son sacrifice la fraction de la Pologne qui lui a été dévolue par les traités. Ainsi commencerait la reconstitution de la Pologne.

C'est parce qu'elles ont parfaitement deviné le sens de l'entrevue de Compiègne, que l'Angleterre et l'Autriche ont tout fait pour y mettre obstacle d'abord, puis pour y

semer des ferments de disc.rde; l'Angleterre, parce qu'elle
veut maintenir à tout prix sa prépondérance, l'Autriche
parce qu'elle est directement intéressée dans la question,
et qu'elle défend ses droits et son existence. Le voyage de
Guillaume Ier, concordant presqu'avec son couronnement,
a même paru assez grave au cabinet de Vienne, pour qu'il
sollicitât, sans l'obtenir, une rencontre de ce souverain
avec l'empereur François-Joseph.

Ce qui s'est passé, avant et après, au camp de Dussel--
dorf, à Kœnigsberg et à Berlin, où le général Forey et le
duc de Magenta ont été tour à tour l'objet de la bienveil-
lance marquée du roi et de la reine, n'est certes pas de
nature à diminuer l'importance des résultats obtenus à
Compiègne, et qui, laissés jusqu'ici dans la sphère des
hypcthèses, ne peuvent être sérieusement contestés.

Après le départ du roi de Prusse, l'arrivée presque
immédiate du roi Guillaume des Pays-Bas a aussi sa signi-
fication : le gouvernement hollandais, occupé surtout
d'intérêts commerciaux, étendant sa sollicitude sur de
vastes colonies, et n'ayant à régir qu'un État métropolitain
de peu d'étendue, semble s'être placé de lui-même en dehors du grand mouvement politique européen. Sans haine
du passé, il est en bonnes relations avec la Belgique, car
il a signé avec elle un traité de commerce comme avec
l'Angleterre et la Turquie.

Essentiellement libéral et constitutionnel, Guillaume III
a voulu réaliser chez lui le progrès, le développement ma-
tériel des ressources de son pays, là liberté des cultes et
du commerce. Il a entièrement atteint son but, grâce à un
esprit juste, à une intelligence active et élevée, g'âce sur-

tout au concours dévoué qu'il trouve parmi ses sujets dont
il est l'idole. Le séjour qu'il a fait à Compiègne aura dis-
sipé bien des défiances, servi les intérêts commerciaux et
industriels de la France et des Pays-Bas, sans compter
que ce séjour sera peut-être utile à des intérêts dynas-
tiques.

On a remarqué, en effet, que les derniers adieux du Roi
et de l'Empereur ont été fort touchants. Le premier paraissait vivement regretter de quitter sitôt la France, et témoi-
gnait sa gratitude pour la sympathie dont il a été entouré.

« — Je pars, » a-t-il dit à l'Empereur, « vraiment touché des bontés de Votre Majesté, et désolé de la quitter
sitôt.

« — Mon plus vif désir eût été de vous garder plus longtemps et de cimenter plus fortement l'amitié qui nous lie, »
a répliqué l'Empereur.

« — Je ne vous dis pas adieu, mais au revoir, » a ajouté
le Roi en serrant une dernière fois la main de l'Empereur.

Puis il est monté dans le wagon-salon. Au moment où le
train se mettait en marche, l'Empereur, élevant la voix, a
prononcé ces paroles :

« — Bon voyage, Sire.

« — Je remercie Votre Majesté. Nous nous reverrons
l'année prochaine.

« — Je l'espère, » a dit l'Empereur.

Alors le Roi, saluant de la main, a ajouté :

« — Dieu bénisse Votre Majesté, et qu'elle me conserve
l'amitié cordiale dont elle m'a donné tant de preuves.

« — Elle vous est acquise tout entière. »

Telles ont été les dernières paroles échangées entre les

deux souverains. Le Roi était visiblement ému ; sa voix tremblait, et il paraissait réellement contrarié des rigueurs de la politique qui le rappelait dans ses États.

Ces adieux ont frappé l'assistance par leur franchise et par leur cordialité ; ils affirment l'établissement d'excellentes relations, et c'est déjà une véritable conquête que le rapprochement des races. Mais il y a là aussi une portée politique qu'on ne saurait méconnaître : le Roi des Pays-Bas est grand-duc de Luxembourg, et, comme tel, membre de la Confédération germanique. Il peut donc apporter à la Prusse et aux États confédérés l'appoint de ses flottes, réalisant ainsi l'offre illusoire tant de fois faite par l'Angleterre de prêter sa marine en échange des services qu'elle a toujours exigés de l'Allemagne.

Avons-nous besoin d'ajouter que la place de Luxembourg se trouve enclavée dans nos anciennes provinces rhénanes, et que sa position seule fait un devoir à la France d'être l'amie de la Hollande.

En attendant que l'avenir révèle le secret des entrevues de Compiègne, nous pensons avoir, dans cette rapide appréciation des faits, touché de près à la vérité. Pour le présent, nous y aurons gagné de sincères amitiés, des améliorations matérielles, des relations de confiance qui ne seront pas sans influence sur les destinées futures de l'Europe. Le reste viendra à son jour et à son heure.

Paris. — Imprimerie de L. Tinterlin et Cᵉ, rue Neuve-des-Bons-Enfants, 3.